그림책에 빠진 날 1

너의 몸을 사랑하는 방법

제시카 샌더스 글 | 캐롤 로세티 그림 | 박여진 옮김

북멘토

LOVE YOUR BODY written by Jessica Sanders, illustrated by Carol Rosetti
Text copyright © Jessica Sanders 2019
Illustration copyright © Carol Rosetti 2019
Korean translation rights © 2019 Bookmentor Publishing Co., Ltd.
Korean translation rights are arranged with Five Mile Press through AMO Agency Korea
All rights reserved.

이 책의 한국어판 저작권은 AMO에이전시를 통해 저작권자와 독점 계약한 북멘토에 있습니다.
저작권법에 의해 한국 내에서 보호를 받는 저작물이므로 무단 전재와 무단 복제를 금합니다.

너의 몸을 사랑하는 방법

1판 1쇄 발행일 2019년 5월 20일
글쓴이 제시카 샌더스 **그린이** 캐롤 로세티 **옮긴이** 박여진 **펴낸곳** (주)도서출판 북멘토 **펴낸이** 김태완
편집장 이미숙 **편집** 김정숙, 송예슬 **디자인** 안상준 **마케팅** 이용구, 민지원
출판등록 제6-800호(2006. 6. 13.)
주소 03990 서울시 마포구 월드컵북로 6길 69(연남동 567-11), IK빌딩 3층
전화 02-332-4885 **팩스** 02-332-4875 **이메일** bookmentorbooks@hanmail.net
페이스북 https://facebook.com/bookmentorbooks

ISBN 978-89-6319-299-4 77840

※ 잘못된 책은 바꾸어 드립니다.
※ 이 책은 저작권법에 따라 보호를 받는 저작물이므로 무단 전재와 무단 복제를 금합니다.
※ 이 책의 전부 또는 일부를 쓰려면 반드시 저작권자와 출판사의 허락을 받아야 합니다.
※ 책값은 뒤표지에 있습니다.

> 이 도서의 국립중앙도서관 출판예정도서목록(CIP)은 서지정보유통지원시스템 홈페이지(http://seoji.nl.go.kr)와 국가자료공동목록시스템(http://www.nl.go.kr/kolisnet)에서 이용하실 수 있습니다. (CIP제어번호: CIP2019015474)

인증 유형 공급자 적합성 확인 **제조국명** 대한민국 **사용 연령** 6세 이상
KC마크는 이 제품이 공통안전기준에 적합하였음을 의미합니다.
종이에 베이거나 책 모서리에 다치지 않도록 주의하세요.

어린이 여러분에게

여러분은 지금 그대로의 모습으로도 아주 특별한 존재예요.
자신이 특별한 존재라는 걸 알게 되면 그 무엇도 여러분을 막을 수 없을 거예요.
여러분은 무엇이든 할 수 있는 힘이 있어요.
꿈을 크게 가지세요.
이 책을 읽고 여러분이 힘을 얻고 위안을 받았으면 해요.

– 여러분의 친구, 제스

시작하기 전에…

이 책은 여자아이들과 자신을 여자라고 생각하는 아이들을 위해 썼습니다. 하지만 성을 구분하지 않고 보편적인 메시지를 전달하고자 했습니다. 신체에 대한 부정적인 이미지는 성별이나 인종, 성적인 지향과 상관없이 누구에게나 악영향을 미칠 수 있습니다.

이 책은 여자아이로, 여성으로 살아가면서 이 사회가 기대하는 비현실적인 '아름다움'의 기준과 맞서 싸우며 고군분투했던 내 경험과 대학원 시절 젠더와 사회적 역할에 관한 연구 경험을 토대로 썼습니다. 이 책에 담긴 메시지는 페미니즘 이론과 나의 몸을 긍정적으로 여기기 운동 등에서 영향을 받았습니다.

이 책을 다양한 독자들이 읽기를 희망합니다. 초등학생뿐만 아니라 어린아이들도 부모님이나 보호자, 선생님의 지도를 받으면서 읽었으면 합니다. 아이들이 책의 내용을 다 이해하지는 못하더라도 시각적인 메시지는 이해할 수 있을 것입니다. 이 책에 담긴 그림들은 강력하면서도 분명한 메시지를 전달하고 있습니다. 아이들이 이 책의 메시지를 마음에 품고 건강하게 살아가기를 바랍니다.

우리 몸은 **오직 하나뿐**이에요.

나와 몸이 똑같이 생긴 사람은
세상에 단 한 명도 없어요.
정말 놀랍지 않나요?

하지만 똑같은 게 하나 있어요.
누구의 몸이든
모두 소중하다는 것이지요.

우리 몸은 쉬지 않고 계속 변해요.
특히 사춘기가 되면 아주 큰 변화가 일어나지요.
사춘기에 일어나는 몸의 변화는
낯설고 이상하게 느껴질 수 있어요.

* 사춘기: 우리 몸이 안팎으로 변화하는
시기인데, 이 시기에 우리 몸은
좀 더 어른스럽게 변한답니다.

그만큼 우리 몸은 안팎으로 많은 변화를 겪어요.
키도 자라지만 몸집도 점점 커지죠.
자연스러운 거니까 걱정하지 마세요.

사람마다 몸의 모양도 다르고,
신체 능력도 달라요.
세상에 똑같은 몸은 하나도 없어요.
똑같은 건
모든 사람의 몸이 **다 좋은 몸**이라는 것뿐이에요.

몸집, 신체 능력, 피부색이 달라도 우리 몸은 완벽해요.
우리를 남들과 다르게 만드는 것은 단 하나,
우리 자신이에요.
우리는 모두 정말로 굉장한 사람이랍니다.
꼭 기억하세요!

자기 자신을 있는 그대로 받아들이고 사랑하세요.

내일부터 그러겠다고 미루지 마세요.

지금부터 당장 사랑하세요.

우리 몸은 **참**으로 놀라워요.

우리 몸은 놀라운 일들을
아주 많이 해낼 수 있지요.

우리 몸은 남들에게 보여 주거나
뽐내려고 있는 게 아니에요.
우리 몸은 훨씬 더 대단한 가치가 있어요.

몸을 어떻게 사랑해야 할지 모르겠다면
내 몸이 할 수 있는 멋진 일들을 적어 보세요.

예를 들면 이런 거 말이에요.

나는 내 귀를 사랑해요.
음악을 듣고, 음악에 맞춰
춤도 출 수 있거든요.

나는 내 팔을 사랑해요.
동생을 번쩍 들어 올릴 수 있고,
꼭 껴안아 줄 수도 있거든요.

그래도 잘 모르겠다고요?
그럼 우울한 기분을 바꿀 수 있는 방법을 찾아보세요.
시간을 내서 내 마음과 몸을 찬찬히 살펴보는 것을
'스스로 돌보기'라고 해요.
자신의 마음을 토닥여 줄 수 있는 좋은 방법이지요.
알아 두면 평생 이용할 수 있는 아주 멋진 기술이랍니다.

1
거울 앞에서 이렇게 말해 보세요.
"내 몸은 강해.
내 몸은 놀라운 일을 해낼 수 있어.
내 몸은 내 거야."

2
밖으로 나가서 자연과 친해지세요.
커다란 나무 아래 앉아도 보고,
풀밭에 누워
풀의 감촉도 느껴 보세요.

3
진심으로 감사하다고
생각했던 일 세 가지를
적어 보세요.

4
평소에 입지 않던 알록달록한 옷이나
원피스를 입고 모델처럼 걸어 보세요.
자신이 굉장한 사람이라는
기분이 들 때까지
당당하게 걸어야 해요.

5
좋아하는 음악을 크게 틀어 놓고
춤을 춰 보세요. 오직 자신만을 위한 춤을
추는 거예요. 자기도 모르게
함박웃음을 짓게 될 거예요. 춤추는 재미에
푹 빠져 멈추기 힘들지도 몰라요.

6

친구나 가족을 도와주세요.
다른 사람을 도와주면 마음이 따뜻해져요.
누군가에게 뭔가를 해 주면
뿌듯한 마음도 생기지요.

7

뜨개질이나 코바늘뜨기,
십자수 등을 배워 보세요.
집중해서 내 손으로 뭔가를 만드는
일은 정말 근사한 일이에요.

8

조용한 장소에서 스트레칭을 해 보세요.
몸이 아주 편안해질 거예요. 요가도 좋아요.
인터넷을 검색해 보면 기초부터
차근차근 배울 수 있는 요가 동영상이
아주 많답니다.

9

카메라로 집에 있는 사물들을 찍어 보세요.
카메라 렌즈로 보면 세상이 달라
보일 거예요. 이렇게 색다른 시선으로
사물을 보면 창의력도 생긴답니다.

10

마음에 와닿는 긍정적인 말들을 찾아보세요.
그 말을 타이핑해서 인쇄하거나
손 글씨로 써서 가지고 다니세요.
기분이 우울할 때는 그 말이 적힌
쪽지를 읽어 보세요.

그래도 기분이 나아지지 않는다면
주변의 믿을 만한 어른이나 전문 기관에 도움을 요청하세요.
이야기가 끝나면 도움을 요청할 수 있는
기관들을 소개해 줄게요.

누구나 도움이 필요할 때가 있어요.
우리는 절대 혼자가 아니랍니다.

우리 몸은 굉장히 똑똑해요.
우리 몸이 건네는 이야기에 **귀 기울여 보세요.**
우리 몸은 언제나 신호를 보내고 있으니까요.
언제 배가 고픈지,
언제 휴식이 필요한지도 정확하게 알려 주지요.
정말 대단하지 않나요?

몸이 건네는 이야기에 귀 기울이고,
몸이 원하는 대로 해 주는 것도
스스로 돌보기를 실천하는 방법이에요.

가끔은 원하는 대로 몸이 따라 주지 않을 때도 있어요.
그럴 때는 몸이 내 말을 듣지 않는 것 같은 기분이 들지요.
그런데 그런 순간에도 우리 몸은 최선을 다하고 있는 거예요.

우리 몸은 사람마다 모두 달라요.
힘도 다르고 **신체 능력**도 다르지요.
나만의 **능력**과 **장점**을 찾아보세요.
그리고 그 장점들을 하나하나 사랑하고 아껴 주세요.

우리 몸을 마음껏 칭찬하고,
자신만의 스타일을 만들어서
세상에 보여 주세요.

누군가를 위해서가 아니라 자신을 위해 옷을 입으세요.
내가 입고 싶은 대로 입는 거예요!
어떤 스타일이든 내 마음에 드는 옷을 입으면
행복해질 거예요.

우리 몸을 사용하는 방법은 참으로 다양해요.

움직이고,

웃고,

울고,

누군가를 껴안고
느껴 보세요.

어떤 방법이든 다 좋아요.
우리는 언제 어디서나 사랑받고 존중받아야 할
소중한 존재라는 것만 잊지 않으면 돼요.

우리 몸은 정말로 굉장해요.
그런데 몸보다 더 놀라운 것이
바로 우리 자신이랍니다.

우리는 **똑똑하고,
호기심이 넘쳐요.**

열정적이고,

적극적이고,

다정하고,
용기 있는 사람이지요.

하지만 이런 것도 우리의 수많은 모습 중
일부일 뿐이에요.

나만 아는 내 안의 나와
누구나 아는 겉으로 보이는 나,
모두 사랑하는 것을 **'자기 사랑'**이라고 해요.
나를 사랑하는 과정은 오르막길과 내리막길이
쉴 새 없이 이어지는 여행길과 같아요.

나를 사랑하는 것은
그 어떤 사랑보다 중요해요.
내 안의 나와의 관계, 내 몸과의 관계는
평생 맺게 될 수많은 관계 중에서
가장 소중한 것이니까요.

나의 몸을 사랑해 주세요.
스스로 돌보기를 실천하면서 내 몸에게 감사하세요.
때로는 나를 사랑하고 돌봐야 한다는 사실을 잊을 수도 있어요.
그래도 괜찮아요.

그런 때일수록 스스로를 따뜻하게 대해 주세요.

내가 나의 가장 친한 친구가 되어 주세요.

그리고 이 책에서 배운 내용을 주변 사람들에게도 알려 주세요.

내가 나를 대하듯 그들에게도 사랑과 친절을 베풀어 주세요.

어떻게 하면 좋은지 알아볼까요?

내 몸에 불만이 생길 수도 있어요.
그럴수록 따뜻하게 토닥여 주세요.
나에게 이렇게 말해 주세요.
"내 몸은 강해.
내 몸은 놀라운 일을 할 수 있어.
내 몸은 오로지 내 거야."

'스스로 돌보기' 목록을 적어 보세요.
마음을 차분하게 해 주는 생각이나 활동은 무엇인가요?
나를 행복하게 해 주는 것은 무엇인가요?
가까운 곳에 스스로 돌보기 목록을 두고
필요할 때마다 실천해 보세요.

일기를 써 보세요. 그날의 기분을
솔직하게 쓰는 거예요. 기분이 나쁘다면
솔직하게 일기장에 털어놓고,
어떻게 하면 좋을지 적어 보세요.
기분이 좋다면 왜 좋은지 적어 보세요.
그림을 그리는 것도 좋아요. 어떤 방법으로든
자신의 솔직한 감정을 표현해 보세요.

내가 하고 싶은 일을 써 보세요.
내 몸이 그 일에 어떤 도움을 줄 수 있는지
적어 보세요. 내 몸을 사랑하는 방법을
모르겠다면 그 목록을 읽어 보세요.
내 몸이 충분히 사랑받을 만하다는 걸
알게 될 거예요.

자신의 몸에 대해 부정적으로 말하는
친구가 있다면 이 책에서 배운 지혜를
나누어 주세요. 친구의 좋은 점들을
칭찬해 주거나 친구의 몸이 할 수 있는
놀라운 일들도 말해 주세요.
아마 친구의 기분이 많이 좋아질 거예요.

계속해서 부정적인 생각이 든다면
믿을 만한 사람에게 대화를 청해 보세요.
누군가에게 자신의 감정을 솔직하게
털어놓아야 할 때도 있어요. 누군가에게 도움을
청하는 일은 굉장한 용기가 필요해서
박수 받을 일이랍니다.

누구나 도움이 필요할 때가 있어요.

여러분은 혼자가 아니에요.

용기를 내서 주변에 도움을 요청하세요.

청소년사이버상담센터

https://www.cyber1388.kr:447

상담 전화 : 1388

- 365일, 24시간 이용이 가능해요.
- 일상적인 고민 상담, 교우 관계, 학업 성적, 진로 등의 상담을 제공해요.

Wee 프로젝트 기관

http://www.wee.go.kr/

- Wee 클래스, Wee 센터, Wee 스쿨 등을 통해 신청하세요.
- 초·중·고등학교에 소속된 학생은 누구나 이용할 수 있어요.
- 학교 적응, 심리·정서적 안정을 위한 개인 상담, 자존감 향상 및 사회성 증진을 위한 집단 상담 등을 진행해요.

서울시청소년상담복지센터

http://www.teen1318.or.kr

• 각 지역별 센터는 포털 사이트에서 '지역명 + 청소년상담복지센터'로 검색하세요.

아하 서울시립청소년성문화센터

http://ahacenter.kr

상담 전화 : 02) 2677-9220

• 서울시와 YMCA가 함께 운영하는 청소년 성교육·성상담 전문 기관이에요.

'우리 몸을 사랑하는 방법'에 도움이 되는 자료를 찾고 싶다면
www.re-shape.info에 들어가 보세요.

> 내 몸은 강해.
> 내 몸은 놀라운 일을 할 수 있어.
> 내 몸은 오로지 내 거야.

글쓴이_제시카 샌더스

호주 멜버른에서 태어난 사회활동가예요. 학창 시절 반에서 키가 가장 컸던 제시카는 자신의 몸을 받아들이고 사랑하는 것이 무척 힘들었어요. 열두 살이 되던 해, 어머니는 제시카에게 배구를 권했어요. 제시카가 자신의 큰 키를 좋아하고 장점으로 여기길 바라서였지요. 배구를 시작한 제시카는 사람의 몸은 다 다르고, 신체 특징에 따라 팀에 필요한 기술을 각각 다르게 지니고 있다는 사실을 깨달았어요. 모든 사람의 몸이 똑같이 소중하다는 사실을 알게 된 거죠. 고등학교를 졸업한 제시카는 혼자 세계 곳곳을 여행했어요. 무거운 배낭을 메고 세상에서 가장 높은 산에 오를 때는 자신의 튼튼한 몸에 감사했어요. 제시카는 기쁨과 고통을 겪으면서 자신의 몸을 사랑하고 소중하게 생각하게 되었어요. 그리고 여자아이들에게 자신의 몸을 사랑하라는 메시지를 주고 싶어졌지요. 이 책은 제시카가 전 세계의 어린이에게 주는 선물이랍니다.

그린이_캐롤 로세티

브라질의 벨루오리존치에서 태어난 디자이너이자 일러스트레이터예요. 그림을 통해 다양성을 존중하고, 여성의 권리를 알리기 위해 열정적으로 활동하고 있지요. 그래픽 디자인 스튜디오인 '카페 콤 초콜릿 디자인'의 공동 운영자이며, 그림이나 디자인 작업을 하지 않을 때는 책을 읽거나 영화를 본답니다.

옮긴이_박여진

주중에는 파주 '번역인' 작업실에서 번역을 하고, 주말에는 여행을 다녀요. 지은 책으로 『토닥토닥, 숲길』이 있고, 옮긴 책으로 『내가 알고 있는 걸 당신도 알게 된다면』, 『위대한 모험가들』, 『호기심 직업 여행』, 『별빛의 속도』 외 수십 권이 있어요.